Impressum
Verlag: BABADADA GmbH, Nedderfeld 112 , 22529 Hamburg
Geschäftsführer / Verlagsleitung: Harald Hof
Druck: Books on Demand GmbH, In de Tarpen 42, 22848 Norderstedt

Imprint
Publisher: BABADADA GmbH, Nedderfeld 112 , 22529 Hamburg, Germany
Managing Director / Publishing direction: Harald Hof
Print: Books on Demand GmbH, In de Tarpen 42, 22848 Norderstedt, Germany

学校

škola

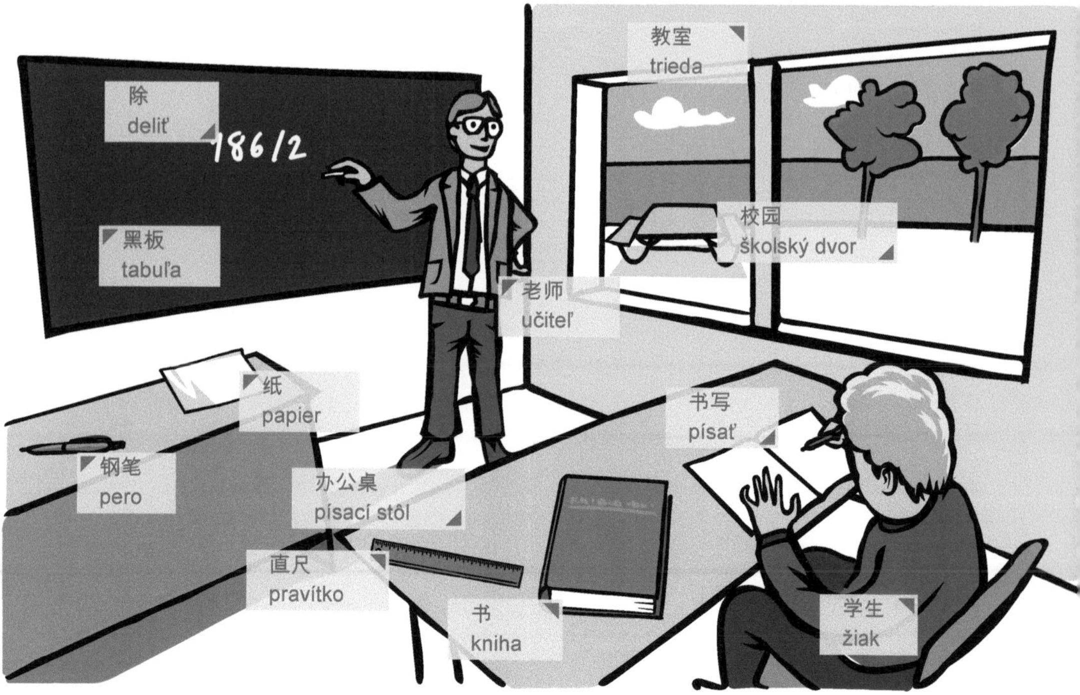

教室
trieda
除
deliť
186/2
黑板
tabuľa
校园
školský dvor
老师
učiteľ
纸
papier
书写
písať
钢笔
pero
办公桌
písací stôl
直尺
pravítko
书
kniha
学生
žiak

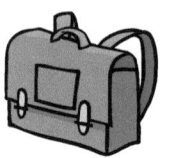

书包

školská taška

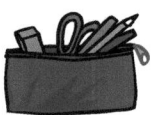

铅笔盒

peračník

铅笔

ceruza

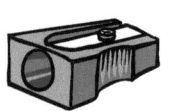

卷笔刀

strúhadlo na ceruzky

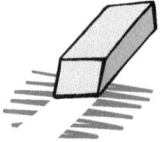

橡皮擦

guma

画板

skicár

图画
kresba

画笔
štetec

颜料盒
vodové farby

剪刀
nožnice

胶水
lepidlo

练习册
cvičný zošit

家庭作业
domáca úloha

12

数字
číslo

2+2

加
sčítať

5-2

减
odčítať

2×2

乘
násobiť

计算
počítať

A

字母
písmeno

ABCDEFG
HIJKLMN
OPQRSTU
VWXYZ

字母表
abeceda

hello

字
slovo

课文

text

读

čítať

粉笔

krieda

上课

hodina

登记

triedna kniha

考试

skúška

证书

certifikát

校服

školská uniforma

教育

vzdelanie

百科全书

encyklopédia

大学

univerzita

显微镜

mikroskop

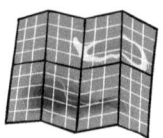

地图

mapa

废纸筐

kôš na papier

旅行

cesta

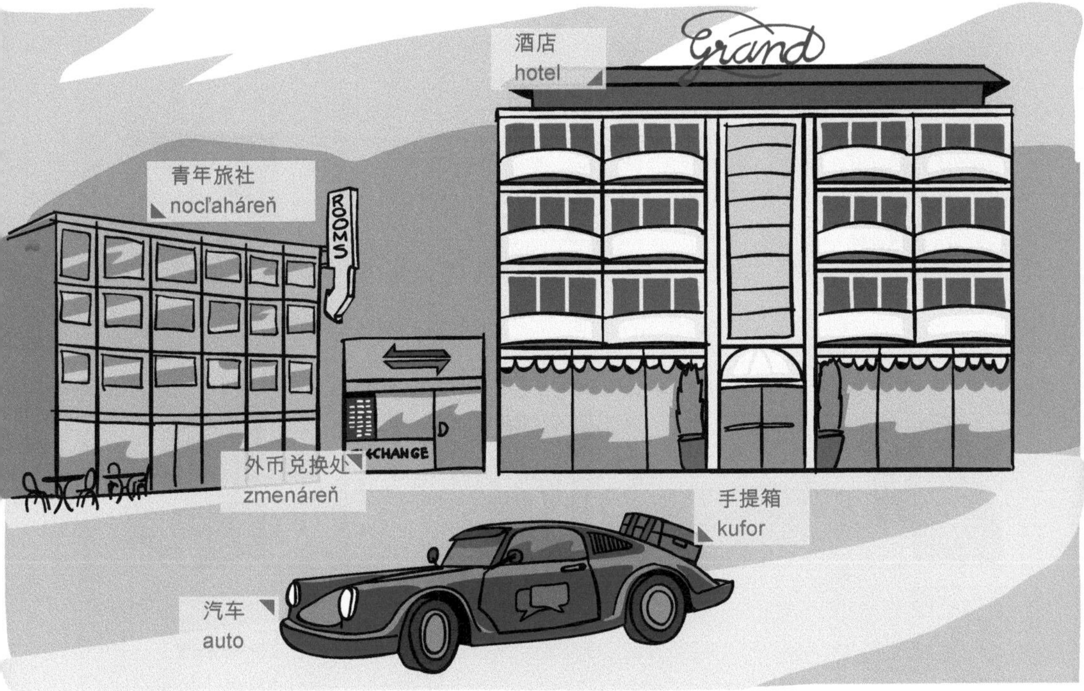

酒店
hotel
Grand
青年旅社
nocľaháreň
ROOMS
外币兑换处
zmenáreň
手提箱
kufor
汽车
auto

语言

jazyk

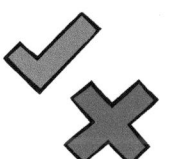

是/否

áno/nie

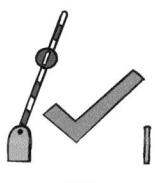

好的

v poriadku

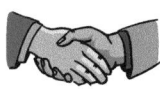

您好

ahoj

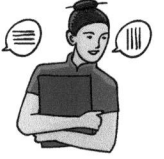

翻译员

prekladateľ

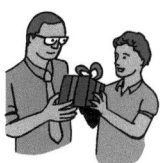

谢谢

ďakujem

.....多少钱？

Koľko stojí ... ?

我不明白

Nerozumiem

问题

problém

晚上好！

Dobrý večer!

早上好！

Dobré ráno!

晚安！

Dobrú noc!

再见

Dovidenia

方向

smer

行李

batožina

包

taška

双肩包

batoh

客人

hosť

房间

izba

睡袋

spacák

帐篷

stan

旅游信息

informácie pre turistov

海滩

pláž

信用卡

kreditná karta

早餐

raňajky

午餐

obed

晚餐

večera

票

cestovný lístok

电梯

výťah

邮票

poštová známka

边界

hranica

海关

clo

大使馆

veľvyslanectvo

签证

vízum

护照

cestovný pas

交通运输

doprava

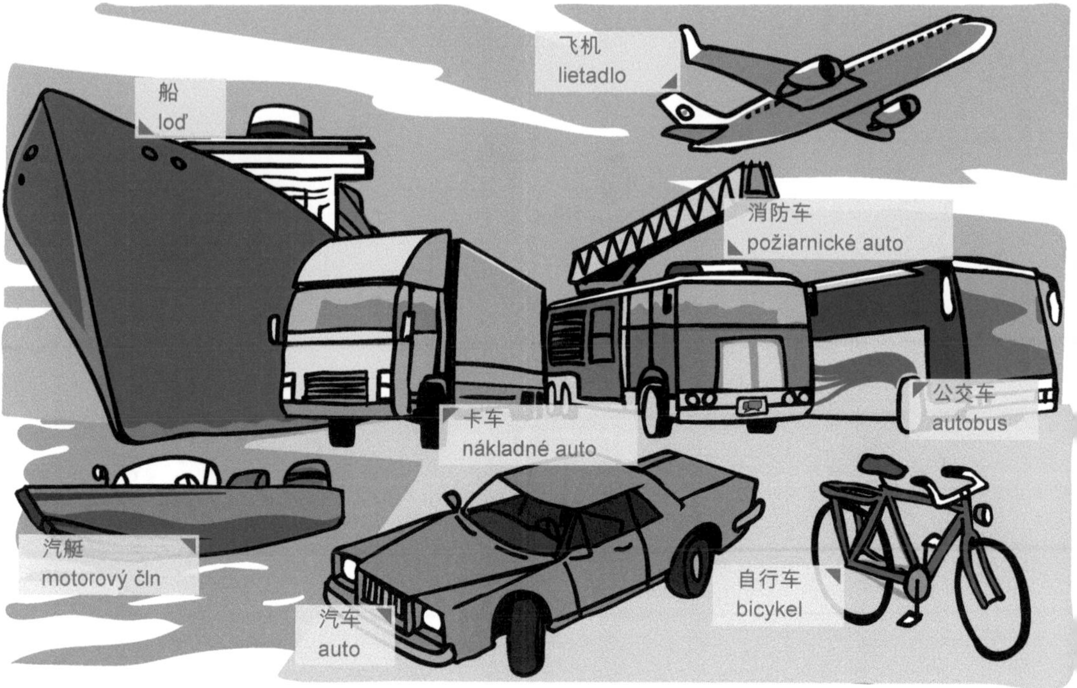

飞机
lietadlo
船
loď
消防车
požiarnické auto
公交车
autobus
卡车
nákladné auto
汽艇
motorový čln
自行车
bicykel
汽车
auto

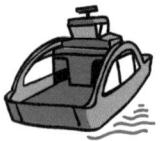

摆渡船
trajekt

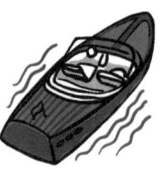

小船
loď

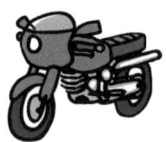

摩托车
motorka

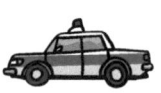

警车
policajné auto

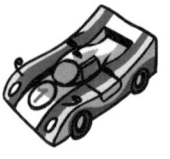

赛车
pretekárske auto

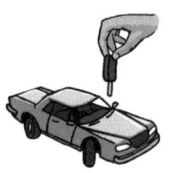

租车
vozidlo z požičovne

拼车
carsharing

拖车
odťahové auto

垃圾车
smetiarske auto

发动机
motor

汽油
benzín

加油站
čerpacia stanica

交通标志
dopravná značka

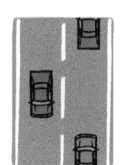

交通
premávka

交通堵塞
zápcha

停车场
parkovisko

火车站
vlaková stanica

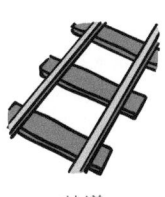

轨道
trate

火车
vlak

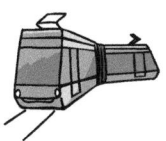

电车
električka

货车
vagón

直升机
helikoptéra

机场
letisko

塔
veža

乘客
pasažier

集装箱
kontajner

纸板箱
kartón

手推车
vozík

篮子
kôš

起飞/降落
štartovať / pristáť

城市

mesto

村庄
dedina

市中心
centrum mesta

房子
dom

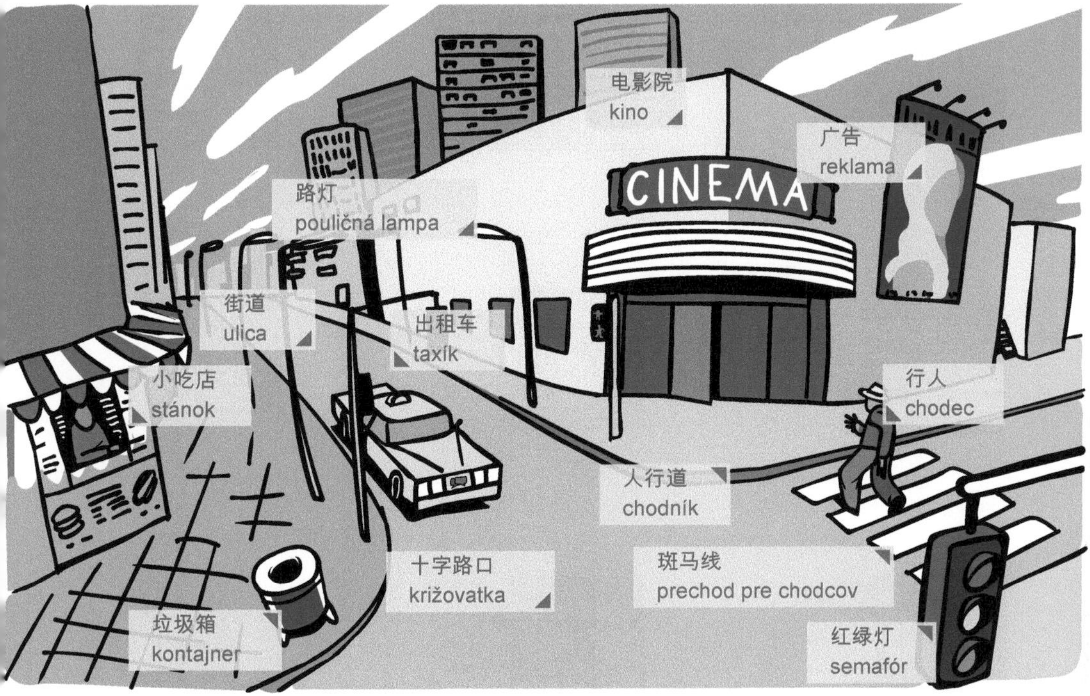

电影院
kino
广告
reklama
CINEMA
路灯
pouličná lampa
街道
ulica
出租车
taxík
小吃店
stánok
行人
chodec
人行道
chodník
十字路口
križovatka
斑马线
prechod pre chodcov
垃圾箱
kontajner
红绿灯
semafór

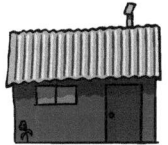

小屋

chata

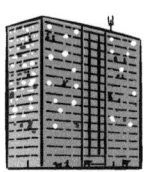

公寓

byt

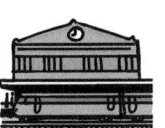

火车站

vlaková stanica

市政厅

radnica

MUSEUM

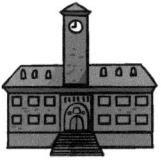

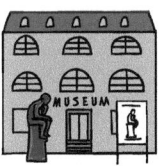

博物馆

múzeum

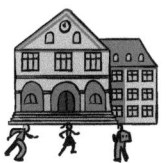

学校

škola

大学

univerzita

银行

banka

医院

nemocnica

酒店

hotel

药房

lekáreň

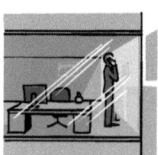

办公室

kancelária

书店

kníhkupectvo

商店

obchod

花店

kvetinárstvo

超市

supermarket

市场

trh

百货商店

obchodný dom

鱼店

obchodník s rybami

购物中心

nákupné stredisko

海港

prístav

公园

park

长凳

lavička

桥

most

楼梯

schody

地铁

metro

隧道

tunel

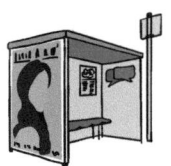

公交车站

autobusová zastávka

酒吧

bar

餐馆

reštaurácia

邮筒

poštová schránka

路标

tabuľa s názvom ulice

停车计时器

parkovacie hodiny

动物园

ZOO

游泳馆

plaváreň

清真寺

mešita

农场

farma

污染

znečisťovanie životného prostredia

基地

cintorín

教堂

kostol

操场

ihrisko

寺庙

chrám

地形

terén

树叶
list

指示牌
smerová tabuľa

路
cesta

草地
lúka

石头
kameň

树
strom

徒步旅行者
turista

河
rieka

草
tráva

花
kvet

峡谷

dolina

山

kopec

湖

jazero

森林

les

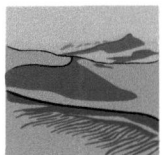

沙漠

púšť

火山

vulkán

城堡

zámok

彩虹

dúha

蘑菇

hríb

棕榈树

palma

蚊子

komár

苍蝇

mucha

蚂蚁

mravec

蜜蜂

včela

蜘蛛

pavúk

甲虫
chrobák

青蛙
žaba

松鼠
veverička

刺猬
jež

野兔
zajac

猫头鹰
sova

鸟
vták

天鹅
labuť

野猪
diviak

鹿
jeleň

麋鹿
los

水坝
hrádza

风力发电机
veterná turbína

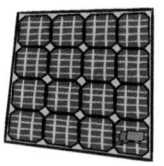

太阳能电池板
solárny panel

气候
podnebie

餐馆
reštaurácia

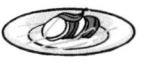

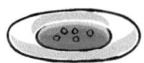

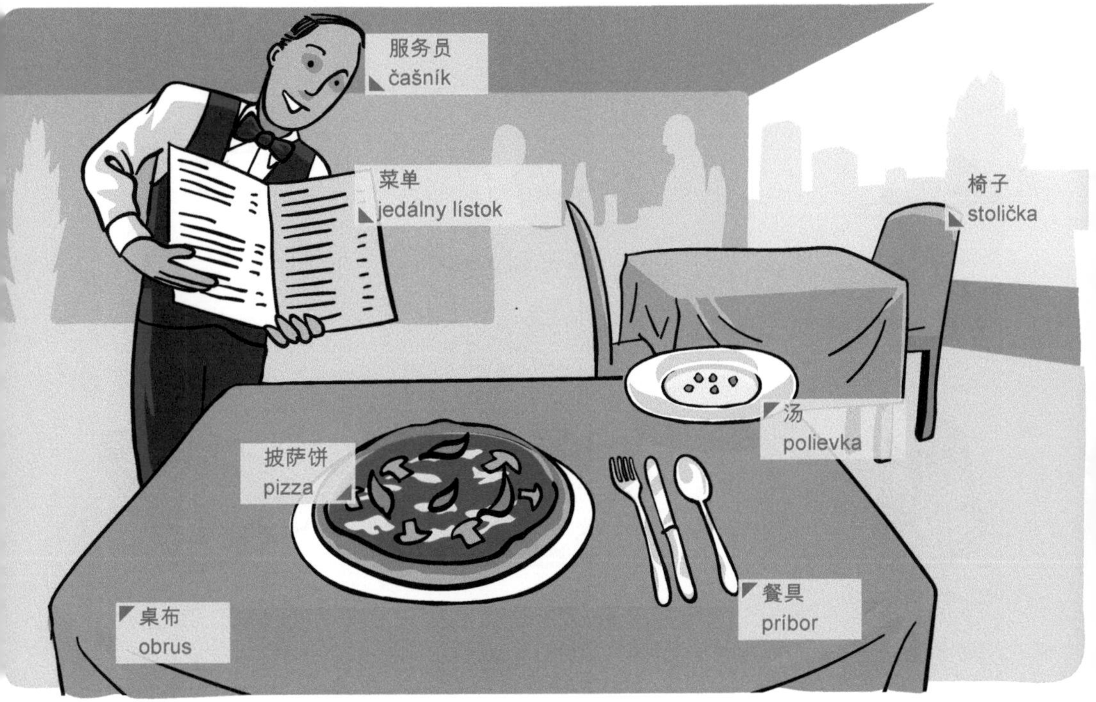
服务员
čašník
菜单
jedálny lístok
椅子
stolička
汤
polievka
披萨饼
pizza
餐具
príbor
桌布
obrus

前菜

predjedlo

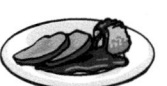

主菜

hlavné jedlo

甜点

zákusok

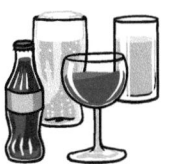

饮料

nápoje

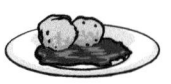

食物

jedlo

瓶子

fľaša

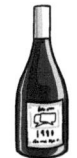

快餐

fast-food

街边小吃

street food

茶壶

kanvica na čaj

糖盒

cukornička

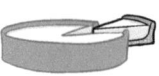

一份饭菜

porcia

意式咖啡机

stroj na espresso

高脚椅

detská stolička

账单

účet

托盘

podnos

刀

nôž

餐叉

vidlička

勺子

lyžica

茶匙

čajová lyžička

餐巾

obrúsok

玻璃杯

pohár

碟子
tanier

汤盘
hlboký tanier

碟子
podšálka

酱
omáčka

盐瓶
soľnička

胡椒磨
mlynček na korenie

醋
ocot

食用油
olej

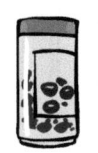

调味料
korenie

番茄酱
kečup

芥末
horčica

蛋黄酱
majonéza

超市
supermarket

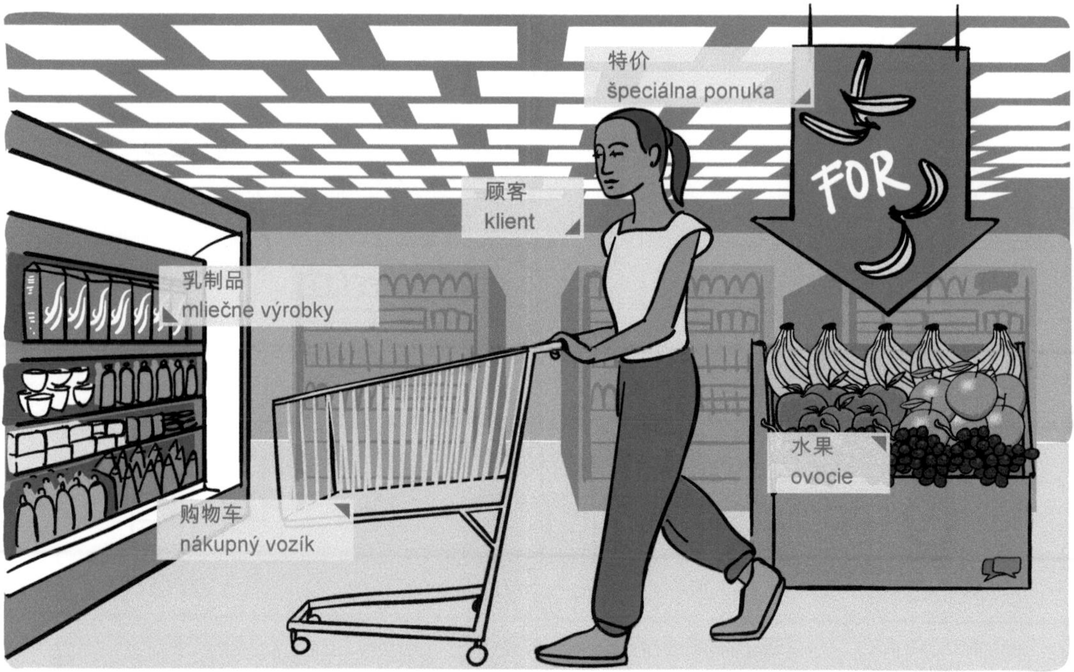

特价
špeciálna ponuka
顾客
klient
乳制品
mliečne výrobky
FOR
水果
ovocie
购物车
nákupný vozík

BUTCHERS

肉铺

mäsiarstvo

BAKERY

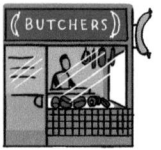

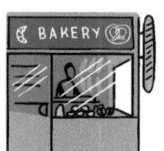

面包房

pekáreň

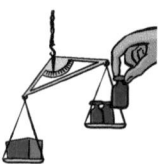

称重

vážiť

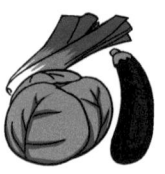

蔬菜

zelenina

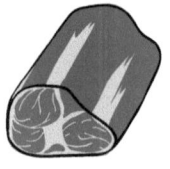

肉

mäso

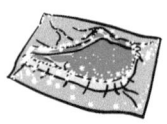

冷冻食品

mrazené potraviny

冷盘

nárez

罐头食品

konzervy

洗衣粉

prací prostriedok

甜食

sladkosti

日用品

domáce potreby

清洁用品

čistiace prostriedky

销售员

predavačka

收银机

pokladňa

收银员

pokladník

购物清单

nákupný zoznam

开放时间

otváracie hodiny

钱包

peňaženka

信用卡

kreditná karta

袋子

taška

塑料袋

plastové vrecko

饮料

nápoje

水
voda

果汁
džús

牛奶
mlieko

可乐
kola

红酒
víno

啤酒
pivo

酒
alkohol

可可
kakao

茶
čaj

咖啡
káva

意式浓缩咖啡
espresso

卡布奇诺
kapučíno

香蕉

banán

苹果

jablko

橙子

pomaranč

西瓜

melón

柠檬

citrón

胡萝卜

mrkva

大蒜

cesnak

竹子

bambus

洋葱

cibuľa

蘑菇

hríb

坚果

orechy

面条

rezance

意大利面条

špagety

米饭

ryža

沙拉

šalát

薯条

hranolky

炸土豆

pečené zemiaky

披萨饼

pizza

汉堡包

hamburger

三明治

obložený chlebík

炸猪排

rezeň

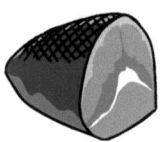

火腿

šunka

萨拉米

saláma

香肠

klobása

鸡肉

kurča

烤肉

pečené mäso

鱼

ryba

燕麦片

ovsené vločky

穆兹利

müsli

玉米片

kukuričné lupienky

面粉

múka

羊角面包

croissant

面包卷

pečivo

面包

chlieb

烤面包

hrianka

饼干

sušienky

黄油

maslo

凝乳

tvaroh

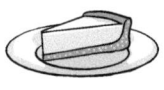

蛋糕

koláč

蛋

vajce

煎蛋

volské oko

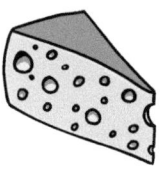

奶酪

syr

冰激凌

zmrzlina

糖

cukor

蜂蜜

med

果酱

lekvár

巧克力酱

nugátová nátierka

咖喱饭

karí korenie

农场
farma

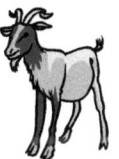

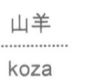

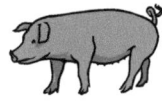

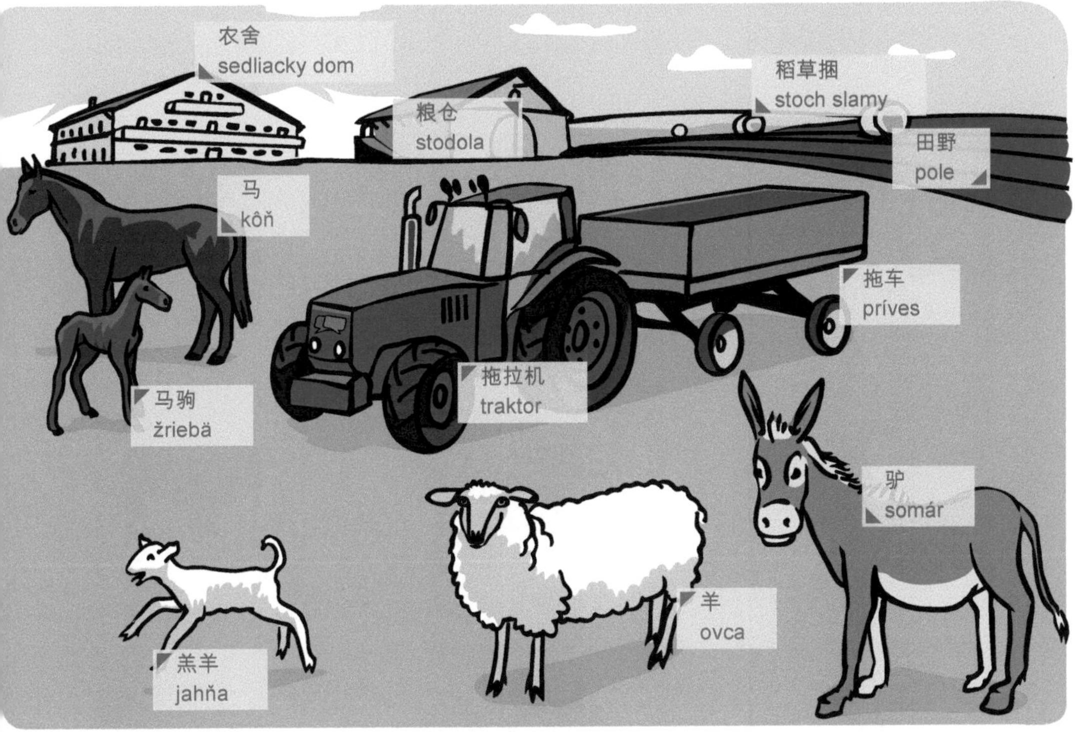

农舍
sedliacky dom
稻草捆
stoch slamy
粮仓
stodola
田野
pole
马
kôň
拖车
príves
拖拉机
traktor
马驹
žriebä
驴
somár
羊
ovca
羔羊
jahňa

山羊

koza

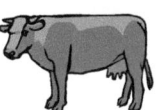

奶牛

krava

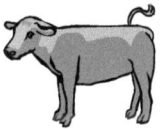

牛犊

teľa

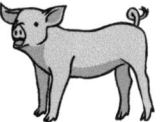

猪

prasa

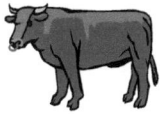

小猪

prasiatko

公牛

býk

鹅

hus

鸭

kačica

小鸡

kuriatko

母鸡

sliepka

公鸡

kohút

鼠

potkan

猫

mačka

老鼠

myš

牛

vôl

狗

pes

狗屋

psia búda

花园浇水软管

záhradná hadica

洒水壶

krhla

长柄大镰刀

kosa

犁

pluh

镰刀

kosák

锄头

motyka

长柄草耙

vidly na hnoj

斧头

sekera

独轮手推车

fúrik

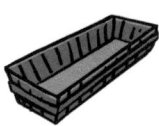

饲料槽

koryto

牛奶罐

kanva na mlieko

麻布袋

vrece

栅栏

plot

马厩

maštaľ

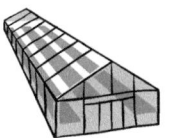

温室

skleník

土壤

pôda

种子

osivo

肥料

hnojivo

联合收割机

kombajn

收割

žať

收割

žatva

山药

batát

小麦

pšenica

大豆

sója

土豆

zemiak

玉米

kukurica

油菜籽

repka

果树

ovocný strom

树薯

maniok

谷物

obilie

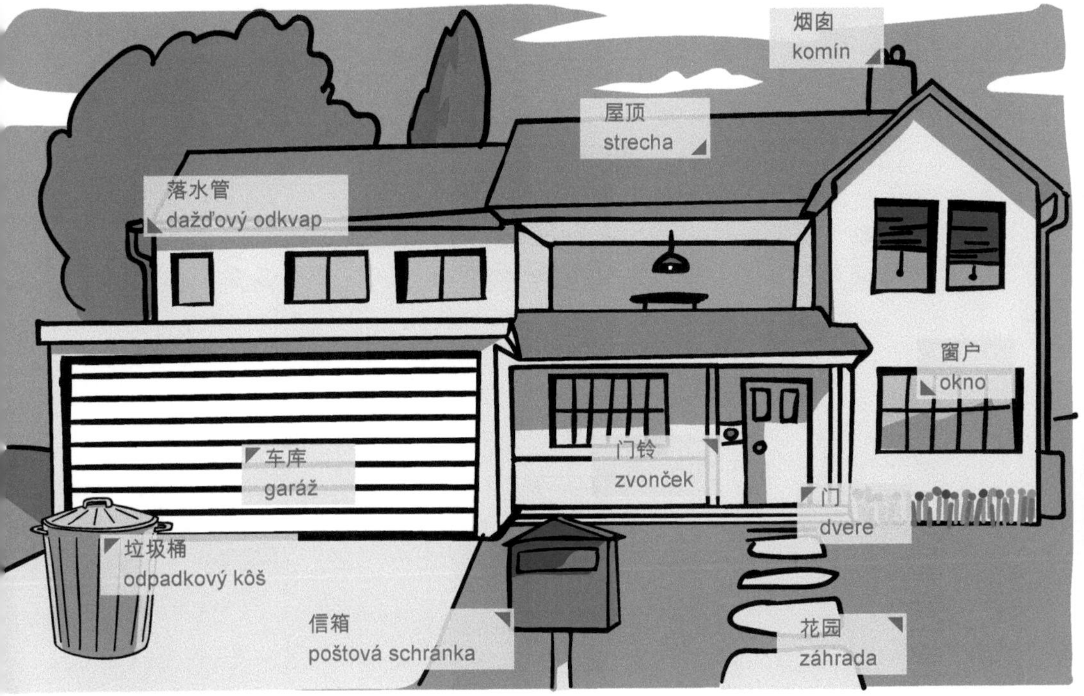

烟囱
komín

屋顶
strecha

落水管
dažďový odkvap

窗户
okno

车库
garáž

门铃
zvonček

门
dvere

垃圾桶
odpadkový kôš

信箱
poštová schránka

花园
záhrada

客厅
obývačka

浴室
kúpeľňa

厨房
kuchyňa

卧室
spálňa

儿童房
detská izba

餐厅
jedáleň

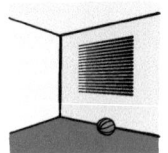

地板

podlaha

墙壁

stena

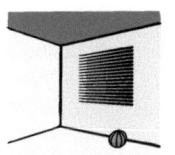

吊顶

strop

地窖

pivnica

桑拿

sauna

阳台

balkón

露台

terasa

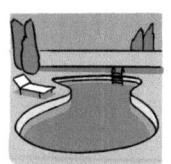

游泳池

bazén

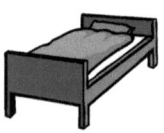

割草机

kosačka

被单

obliečka

床罩

posteľná prikrývka

床

posteľ

扫帚

metla

水桶

vedro

开关

vypínač

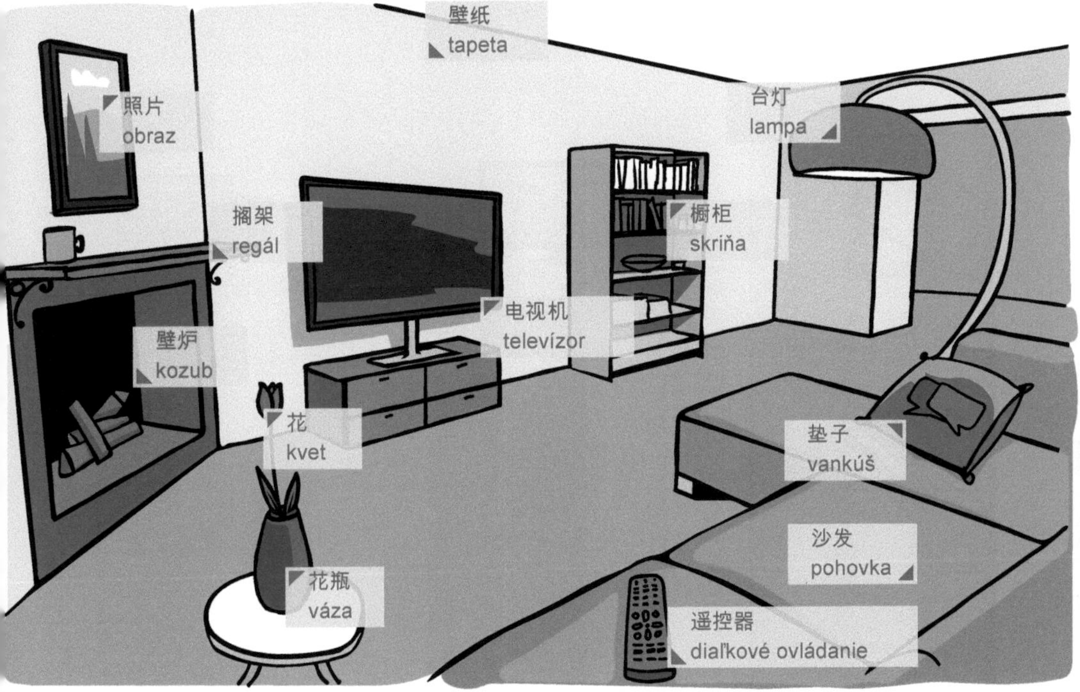

壁纸
tapeta

照片
obraz

台灯
lampa

搁架
regál

橱柜
skriňa

电视机
televízor

壁炉
kozub

花
kvet

垫子
vankúš

沙发
pohovka

花瓶
váza

遥控器
diaľkové ovládanie

地毯

koberec

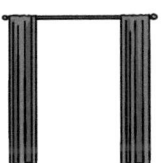

窗帘

záclona

餐桌

stôl

椅子

stolička

摇椅

hojdacie kreslo

扶手椅

kreslo

书
kniha

毯子
prikrývka

装饰品
dekorácia

木柴
drevo na kúrenie

电影
film

高保真音响
hi-fi veža

钥匙
kľúč

报纸
noviny

油画
maľba

海报
plagát

收音机
rádio

笔记本
zápisník

吸尘器
vysávač

仙人掌
kaktus

蜡烛
sviečka

厨房
kuchyňa

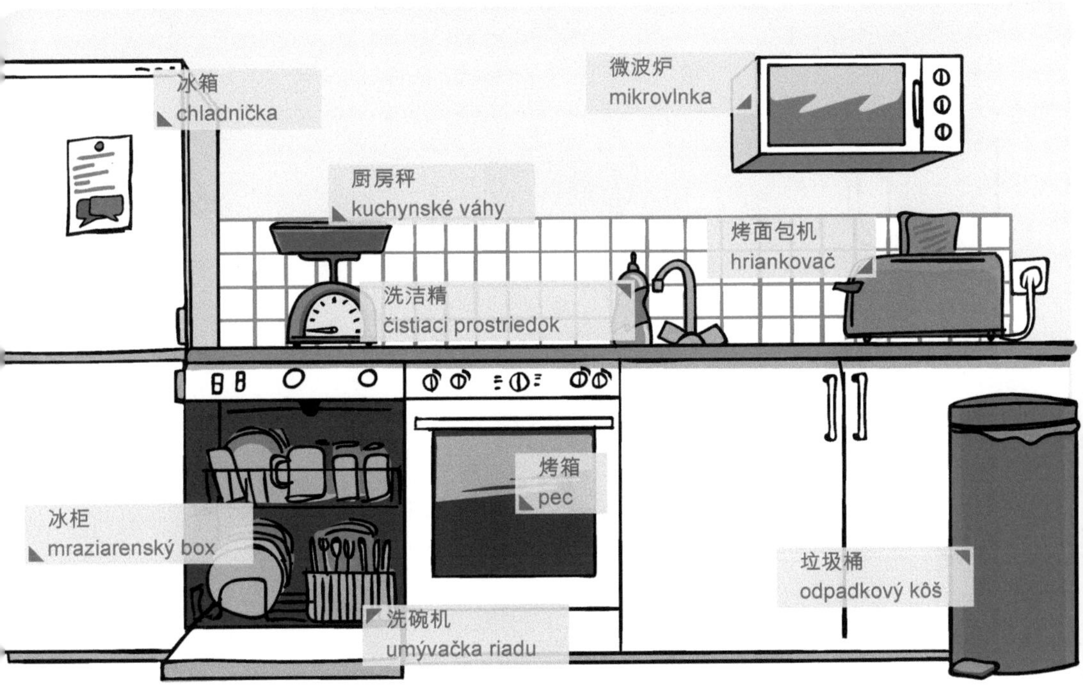

冰箱
chladnička
微波炉
mikrovlnka
厨房秤
kuchynské váhy
烤面包机
hriankovač
洗洁精
čistiaci prostriedok
烤箱
pec
冰柜
mraziarenský box
垃圾桶
odpadkový kôš
洗碗机
umývačka riadu

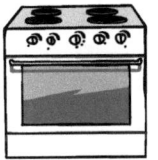

炊具

sporák

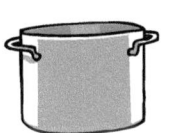

锅

hrniec

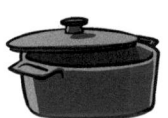

铸铁锅

železný hrniec

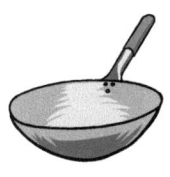

炒锅

wok / kadai

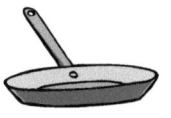

平底锅

panvica

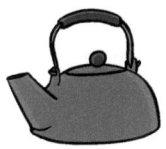

水壶

rýchlovarná kanvica

蒸锅

parný hrniec

烤盘

plech na pečenie

陶瓷锅

riad

马克杯

pohár

碗

misa

筷子

paličky

长柄勺

naberačka na polievku

铲子

stierka

搅拌器

metlička

滤网

cedidlo

筛子

sitko

磨碎机

strúhadlo

研钵

mažiar

烧烤

gril

明火

ohnisko

菜板

doska na krájanie

擀面杖

valček na cesto

开瓶器

vývrtka

罐子

konzerva

开罐器

otvárač na konzervy

隔热手套

chňapka

水槽

výlevka

刷子

kefa

海绵

hubka

搅拌机

mixér

冷藏箱

mraznička

奶瓶

kojenecká fľaša

水龙头

vodovodný kohútik

浴室

kúpeľňa

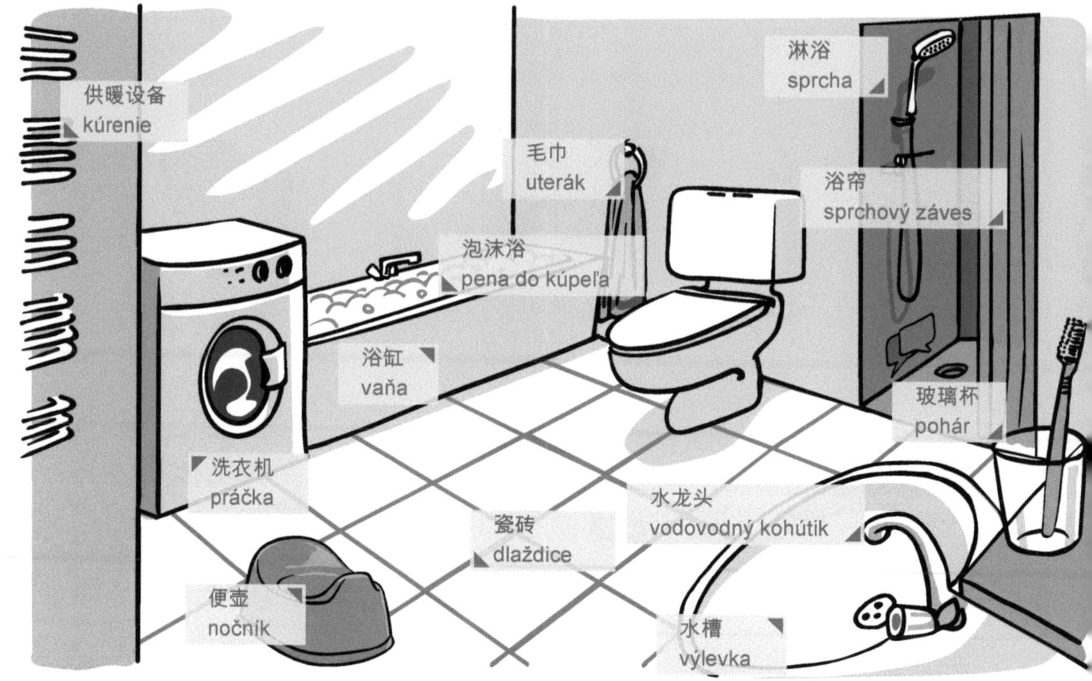

淋浴
sprcha
供暖设备
kúrenie
毛巾
uterák
浴帘
sprchový záves
泡沫浴
pena do kúpeľa
浴缸
vaňa
玻璃杯
pohár
洗衣机
práčka
水龙头
vodovodný kohútik
瓷砖
dlaždice
便壶
nočník
水槽
výlevka

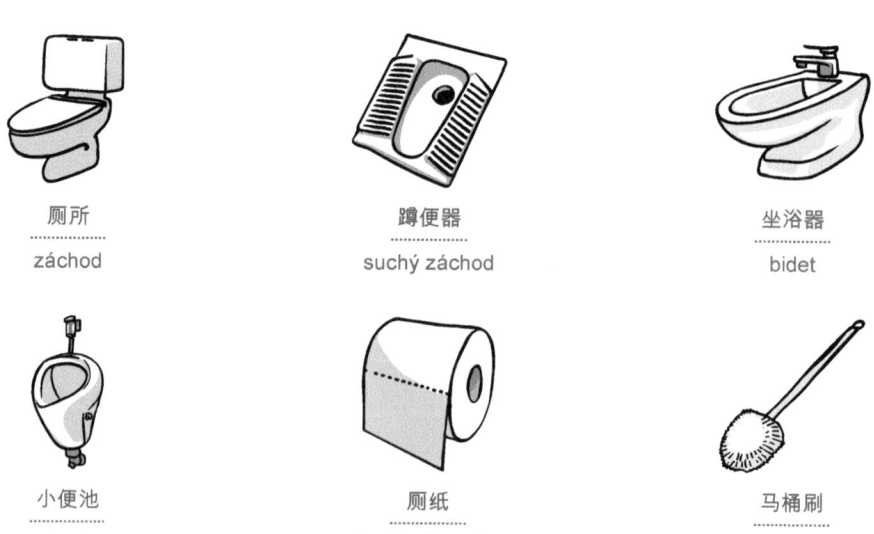

厕所

záchod

蹲便器

suchý záchod

坐浴器

bidet

小便池

pisoár

厕纸

toaletný papier

马桶刷

záchodová kefa

牙刷
zubná kefka

牙膏
zubná pasta

牙线
dentálna niť

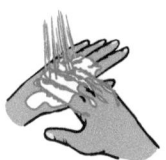

洗
umývať

手持式喷淋头
ručná sprcha

冲洗器
sprcha pre intímnu hygienu

洗脸盆
umývadlo

擦背刷
kefa na chrbát

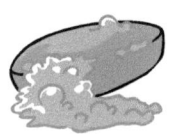

肥皂
mydlo

沐浴露
sprchový gél

洗发水
šampón

法兰绒
frotírová rukavica

排水
odtok

乳霜
krém

除臭剂
dezodorant

镜子

zrkadlo

手镜

kozmetické zrkadlo

剃须刀

žiletka

剃须泡沫

pena na holenie

须后水

voda po holení

梳子

hrebeň

刷子

kefa

吹风机

sušič vlasov

喷发定型剂

sprej na vlasy

化妆品

make-up

唇膏

rúž

指甲油

lak na nechty

化妆棉

vata

指甲剪

nožnice na nechty

香水

parfum

洗漱包

kozmetická taška

凳子

stolček

计重秤

váha

浴袍

kúpací plášť

橡胶手套

gumové rukavice

卫生棉条

tampón

卫生巾

menštruačná vložka

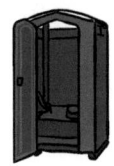

化学厕所

chemické WC

儿童房

detská izba

闹钟
budík
毛绒玩具
plyšová hračka
玩具车
hračkárske auto
拨浪鼓
hrkálka
玩具屋
domček pre bábiky
礼物
dar

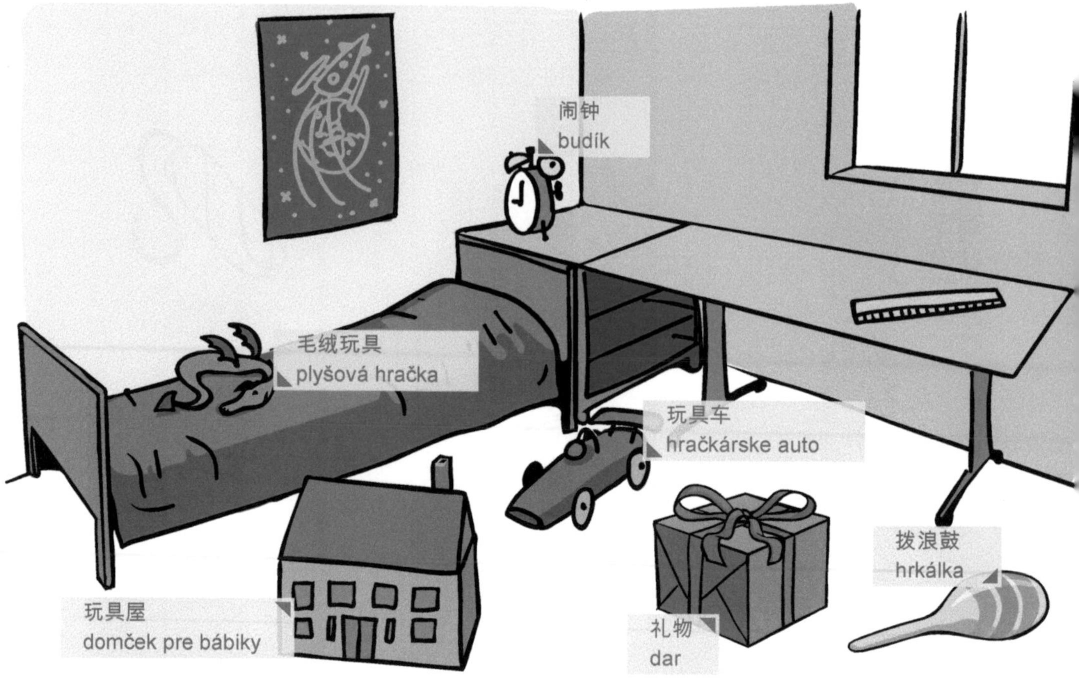

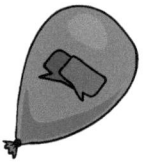

气球

balón

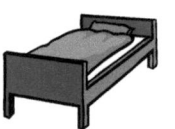

床

posteľ

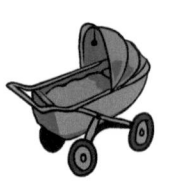

（洋娃娃用）婴儿车

detský kočík

扑克牌

karty

拼图

puzzle

SUPER MEGA

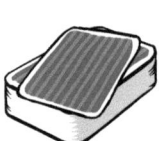

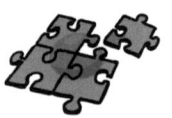

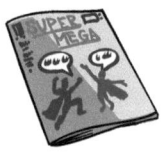

漫画

komix

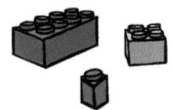

乐高积木

skladačka lego

积木玩具

stavebnica

玩具人

akčná postavička

婴儿服

dupačky

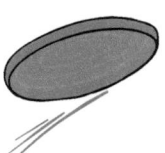

飞盘

lietajúci tanier

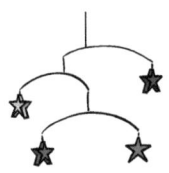

床铃玩具

závesné hračky

棋盘游戏

stolová hra

骰子

kocka

火车模型

modelový vláčik

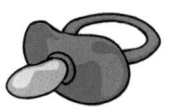

安抚奶嘴

cumlík

聚会

párty

绘本

obrázková kniha

球

lopta

洋娃娃

bábika

玩

hrať sa

沙坑

pieskovisko

秋千

hojdačka

玩具

hračky

游戏机

hracia konzola

三轮车

trojkolka

泰迪熊

medvedík

衣柜

šatník

衣服

šatstvo

袜子

ponožky

长袜

pančuchy

紧身裤

pančuchové nohavičky

围巾
šál

皮带
opasok

雨伞
dáždnik

T恤
tričko

靴子
čižmy

拖鞋
papuče

运动鞋
tenisky

凉鞋
....
sandále

鞋
....
topánky

雨靴
....
gumáky

内裤
....
spodky

胸罩
....
podprsenka

背心
....
tielko

衣服 - šatstvo

身体

body

裤子

nohavice

牛仔裤

džínsy

短裙

sukňa

女式衬衫

blúzka

衬衫

košeľa

套头衫

pulóver

卫衣

sveter

西装夹克

blejzer

夹克

bunda

外套

kabát

雨衣

pršiplášť

套装

kostým

连衣裙

šaty

婚纱

svadobné šaty

西装

oblek

睡袍

nočná košeľa

睡衣

pyžamo

莎丽

sari

头巾

šatka na hlavu

包头巾

turban

波卡

burka

卡夫坦

kaftan

(阿拉伯式)长袍长袍

abaja

泳衣

dvojdielne plavky

男式泳裤

plavky

短裤

šortky

运动服

tepláková súprava

围裙

zástera

手套

rukavice

衣服 - šatstvo

纽扣
gombík

眼镜
okuliare

手链
náramok

项链
retiazka

戒指
prsteň

耳环
náušnica

便帽
čiapka

衣架
vešiak

帽子
klobúk

领带
kravata

拉链
zips

头盔
prilba

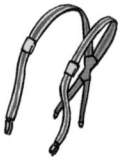

背带
traky

校服
školská uniforma

制服
uniforma

围兜
podbradník

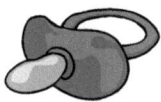

安抚奶嘴
cumlík

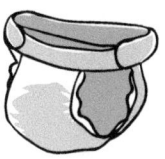

尿不湿
plienka

办公室
kancelária

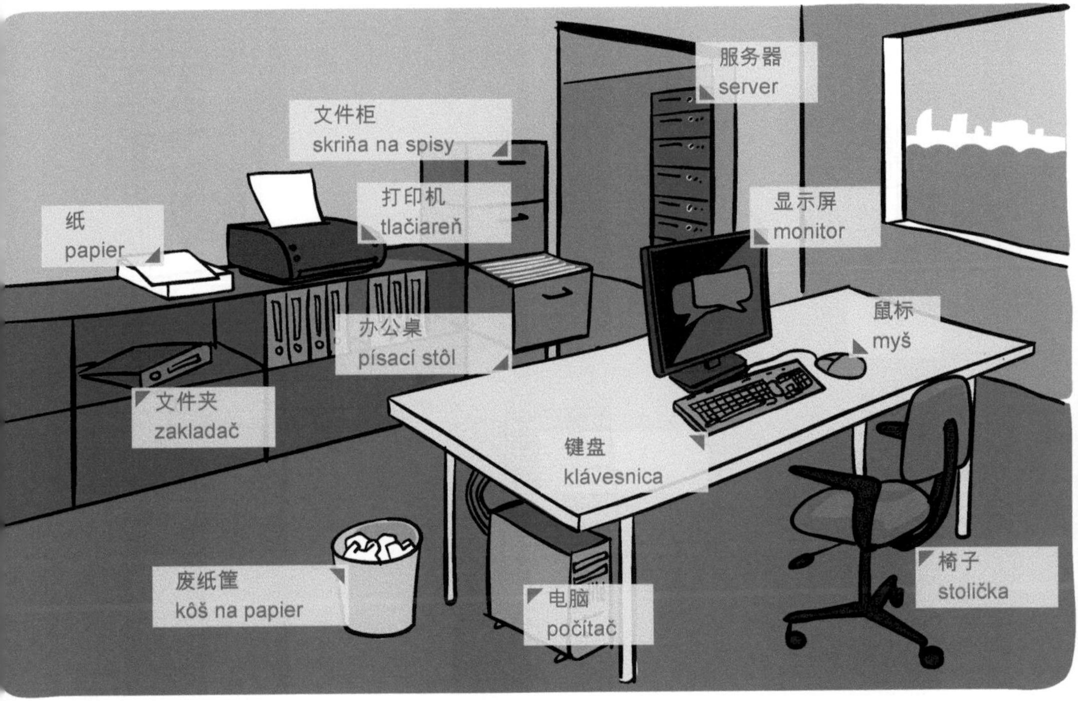

文件柜
skriňa na spisy

服务器
server

打印机
tlačiareň

显示屏
monitor

纸
papier

鼠标
myš

办公桌
písací stôl

文件夹
zakladač

键盘
klávesnica

废纸筐
kôš na papier

椅子
stolička

电脑
počítač

咖啡杯
hrnček na kávu

计算器
kalkulačka

因特网
internet

笔记本电脑
laptop

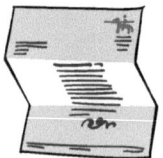

信件
list

消息
správa

手机
mobil

网络
sieť

复印机
kopírka

软件
softvér

电话
telefón

插座
elektrická zásuvka

传真机
fax

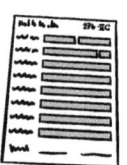

表格
formulár

文件
doklad

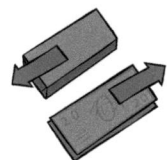

买

kúpiť

付钱

platiť

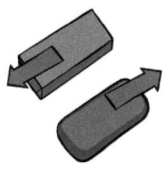

交易

obchodovať

现金

peniaze

美元

dolár

欧元

euro

日元

jen

卢布

rubeľ

瑞士法郎

švajčiarsky frank

人民币

čínsky jüan

卢比

rupia

提款处

bankomat

外币兑换处

zmenáreň

金

zlato

银

striebro

石油

ropa

能源

energia

价格

cena

合同

zmluva

税金

daň

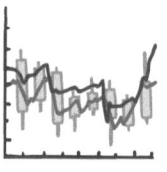

股票

akcia

工作

pracovať

职员

zamestnanec

老板

zamestnávateľ

工厂

továreň

商店

obchod

消防员
hasič

警官
policajt

厨师
kuchár

医生
lekár

飞行员
pilót

园丁

záhradník

木匠

stolár

裁缝

krajčírka

法官

sudca

化学家

chemik

演员

herec

公交车司机

vodič autobusu

出租车司机

taxikár

渔夫

rybár

清洁女工

upratovačka

屋顶工

pokrývač

服务员

čašník

猎人

poľovník

画家

maliar

面包师

pekár

电工

elektrikár

建筑工人

stavebný robotník

工程师

inžinier

屠夫

mäsiar

水管工

klampiar

邮递员

poštár

士兵

vojak

建筑师

architekt

收银员

pokladník

花农

kvetinár

理发师

kaderník

售票员

sprievodca

机械师

mechanik

船长

kapitán

牙医

zubár

科学家

vedec

拉比

rabín

伊玛目

imám

和尚

mních

牧师

farár

职业 - povolania

工具

náradie

铁锤
kladivo
钳子
kliešte
螺丝刀
skrutkovač
扳手
kľúč na skrutky
手电筒
baterka

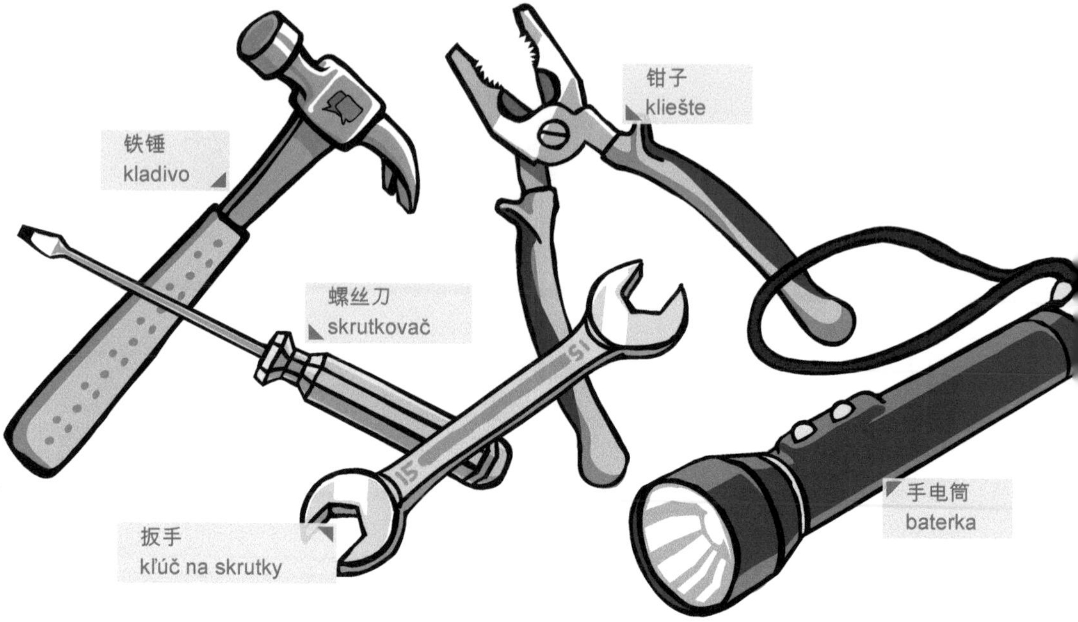

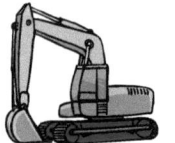

挖掘机

bager

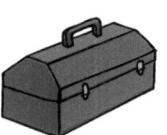

工具箱

súprava náradia

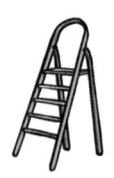

梯子

rebrík

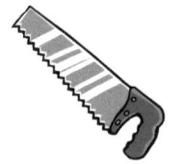

锯子

pílka

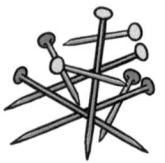

钉子

klince

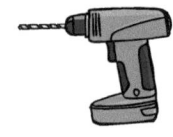

钻机

vrták

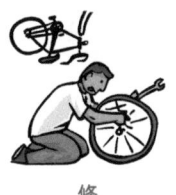

修

opraviť

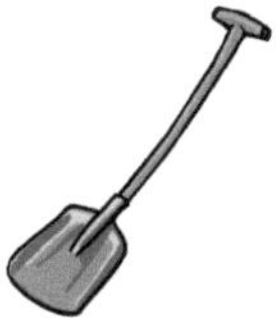

铲子

lopata

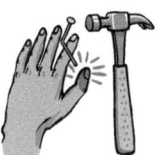

靠！

Do čerta!

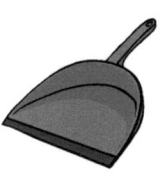

簸箕

lopatka na smeti

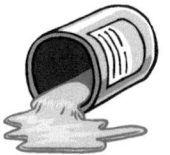

油漆桶

nádoba s farbou

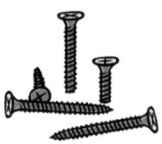

螺丝

skrutky

乐器
hudobné nástroje

扬声器
reproduktor
打击乐器
bicie
吉他
gitara
低音提琴
kontrabas
小号
trúbka

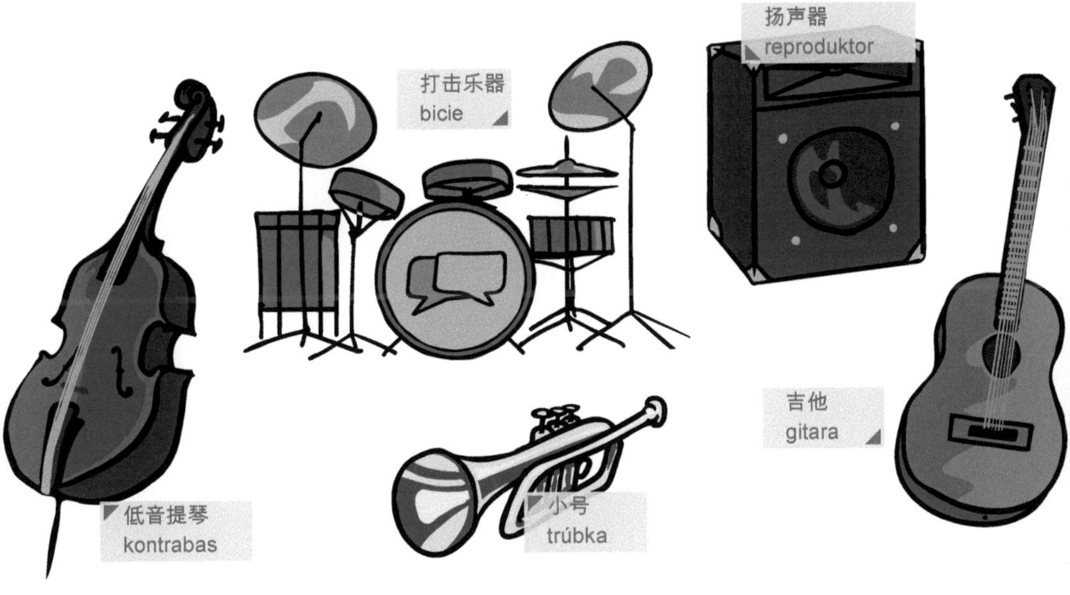

钢琴
klavír

小提琴
husle

贝斯
basa

定音鼓
tympany

鼓
bubon

电子琴
klávesnica

萨克斯管
saxofón

长笛
flauta

麦克风
mikrofón

动物园
ZOO

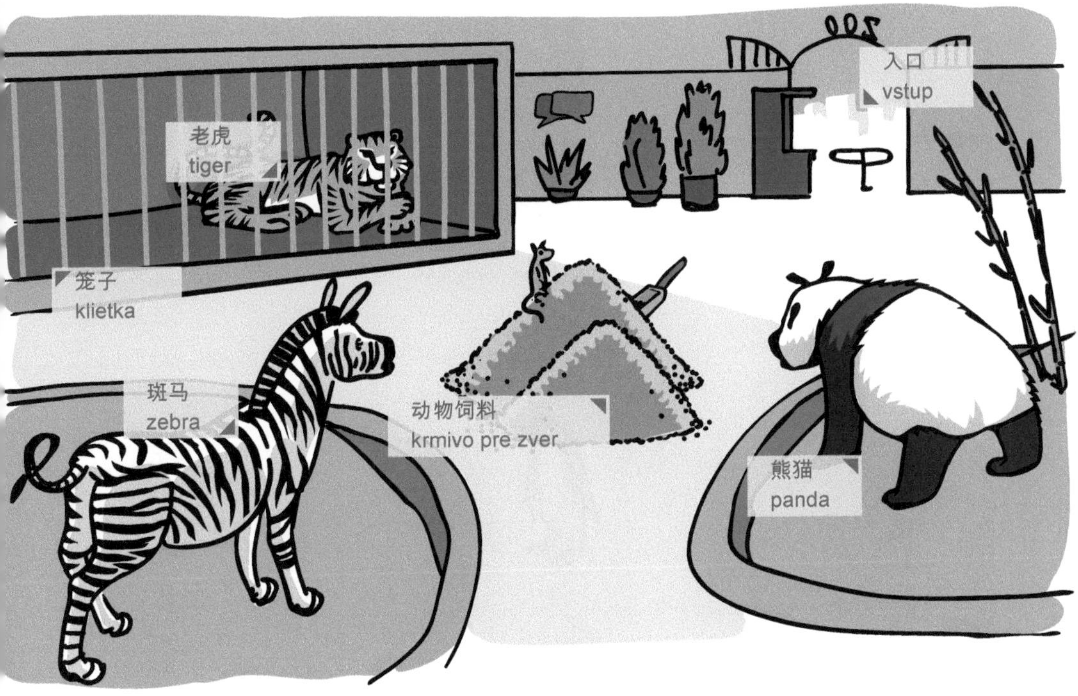
200
入口
vstup
老虎
tiger
笼子
klietka
斑马
zebra
动物饲料
krmivo pre zver
熊猫
panda

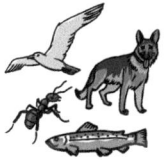

动物

zvieratá

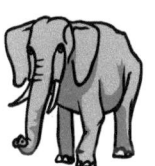

大象

slon

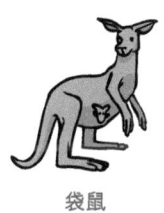

袋鼠

klokan

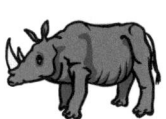

犀牛

nosorožec

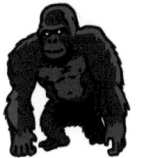

大猩猩

gorila

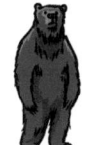

熊

medveď

骆驼

ťava

鸵鸟

pštros

狮子

lev

猴子

opica

火烈鸟

plameniak

鹦鹉

papagáj

北极熊

ľadový medveď

企鹅

tučniak

鲨鱼

žralok

孔雀

páv

蛇

had

鳄鱼

krokodíl

动物园管理员

ošetrovateľ v ZOO

海豹

tuleň

美洲豹

jaguár

矮种马

poník

豹

leopard

河马

hroch

长颈鹿

žirafa

老鹰

orol

野猪

diviak

鱼

ryba

龟

korytnačka

海象

mrož

狐狸

líška

羚羊

gazela

橄榄球
americký futbal

骑自行车
cyklistika

网球
tenis

篮球
basketbal

游泳
plávanie

拳击
box

冰球
hokej

英式足球
futbal

羽毛球
bedminton

田径
ľahká atletika

手球
hádzaná

滑雪
lyžovanie

马球
pólo

笑
smiať sa

跳
skočiť

拥抱
objať

走路
chodiť

唱
spievať

做梦
snívať

祈祷
modliť sa

亲吻
pobozkať

书写
písať

画
kresliť

展示
ukázať

推
tlačiť

给
dať

拿
brať

有
....
mať

做
....
robiť

当
....
byť

站
....
stáť

跑
....
bežať

拉
....
ťahať

扔
....
hádzať

摔倒
....
padnúť

躺
....
ležať

等待
....
čakať

携带
....
nosiť

坐
....
sedieť

穿衣
....
obliecť sa

睡觉
....
spať

醒来
....
zobudiť sa

看
pozerať

哭
plakať

抚摸
hladkať

梳头
česať

交谈
hovoriť

明白
rozumieť

问
pýtať sa

听
počuť

喝
piť

吃
jesť

清理
upratať

爱
milovať

做饭
variť

开车
jazdiť

飞
letieť

航行

plachtiť

计算

počítať

读

čítať

学习

učiť sa

工作

pracovať

结婚

oženiť

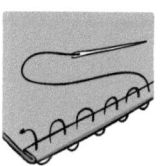

缝

šiť

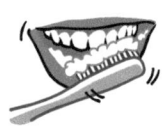

刷牙

čistiť zuby

杀

zabiť

抽烟

fajčiť

寄

poslať

祖母
stará mama

祖父
starý otec

父亲
otec

母亲
mama

婴童
bábo

女儿
dcéra

儿子
syn

客人
hosť

阿姨
teta

叔叔
strýko

兄弟
brat

姐妹
sestra

身体

telo

前额
čelo
眼睛
oko
肩膀
plece
手指
prst
脸
tvár
下巴
brada
手
ruka
腿
noha
乳房
hruď
手臂
rameno

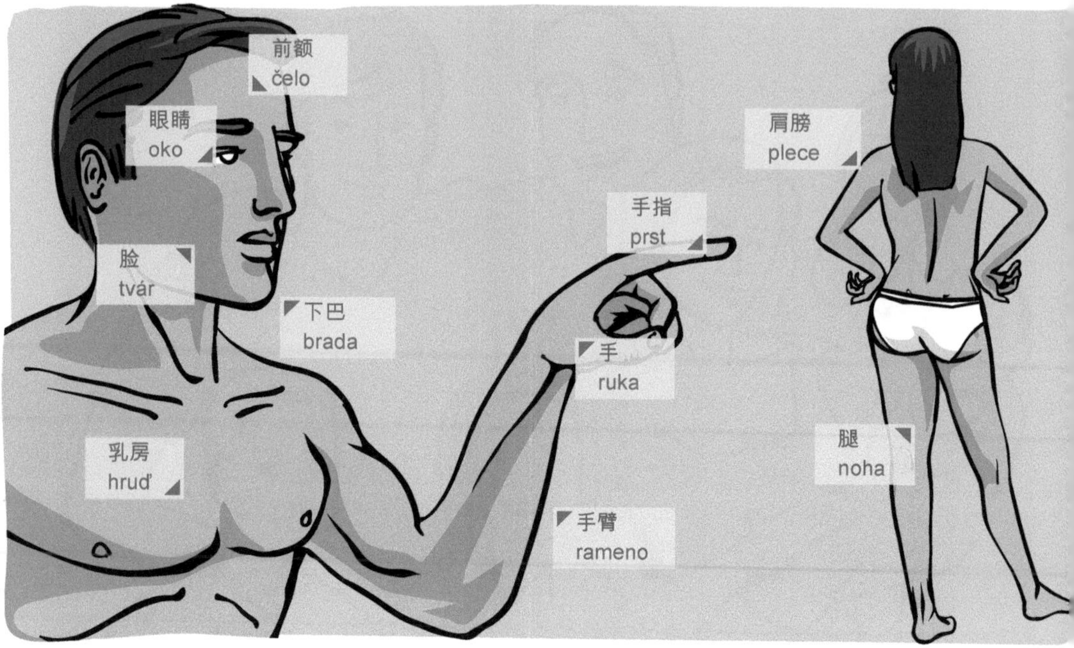

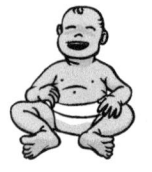

婴童

bábo

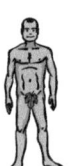

男人

muž

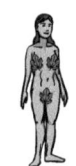

女人

žena

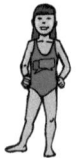

女孩

dievča

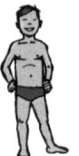

男孩

chlapec

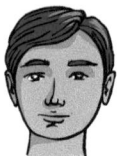

头

hlava

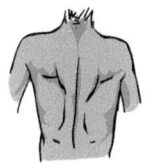

背部
chrbát

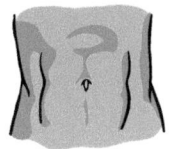

肚子
brucho

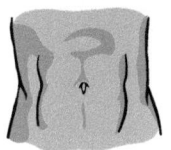

肚脐
pupok

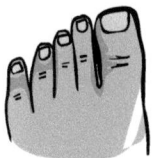

脚趾
prst na nohe

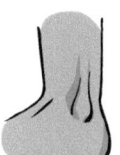

脚后跟
päta

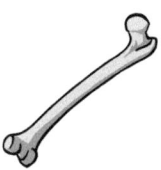

骨头
kosť

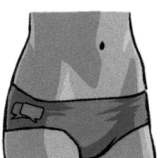

臀部
bok

膝盖
koleno

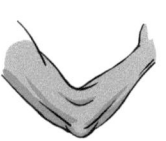

手肘
lakeť

鼻子
nos

屁股
zadok

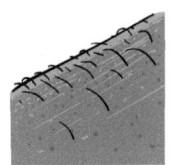

皮肤
koža

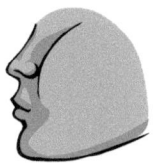

脸颊
líce

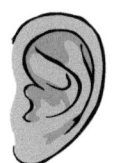

耳朵
ucho

嘴唇
pery

身体 - telo

嘴

ústa

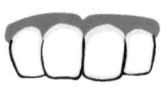

牙齿

zub

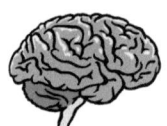

脑

mozog

心脏

srdce

舌头

jazyk

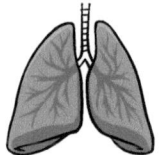

肺

pľúca

肝脏

pečeň

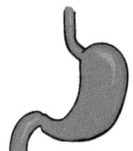

肌肉

svaly

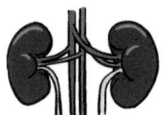

肾脏

obličky

性交

pohlavný styk

胃

žalúdok

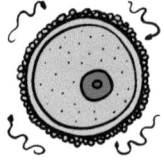

卵子

vaječná bunka

精子

semeno

避孕套

kondóm

怀孕

tehotenstvo

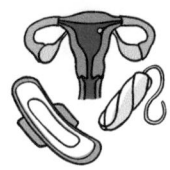

月经

menštruácia

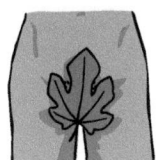

阴道

vagína

阴茎

penis

眉毛

obočie

头发

vlasy

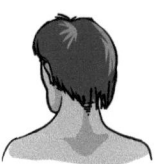

脖子

krk

身体 - telo

医院

nemocnica

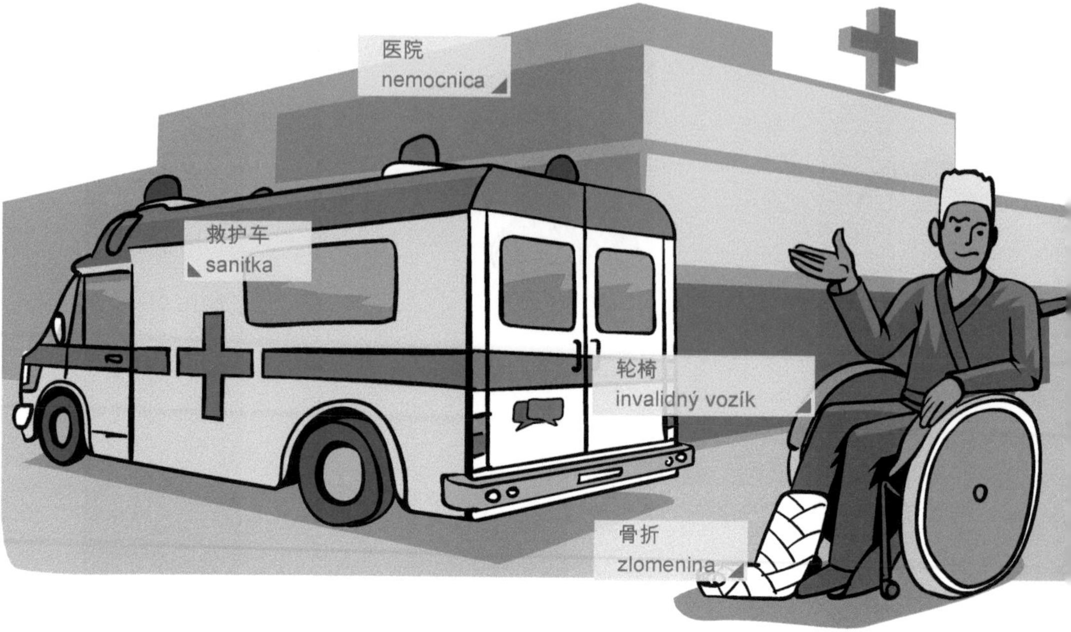

医院
nemocnica
救护车
sanitka
轮椅
invalidný vozík
骨折
zlomenina

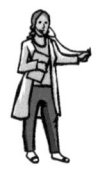

医生

lekár

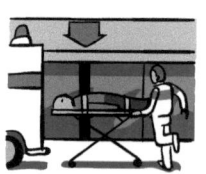

急诊室

urgentný príjem

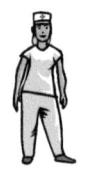

护士

sestrička

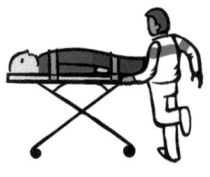

紧急情况

urgentný prípad

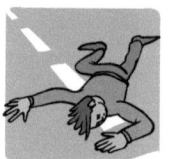

昏迷

v bezvedomí

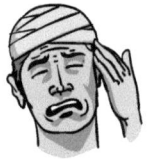

痛

bolesť

受伤

zranenie

出血

krvácanie

心脏病发作

srdcový infarkt

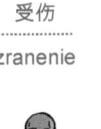

中风

mozgová porážka

过敏

alergia

咳嗽

kašeľ

发烧

teplota

流感

chrípka

腹泻

hnačka

头痛

bolesť hlavy

癌症

rakovina

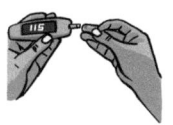

糖尿病

cukrovka

外科医生

chirurg

手术刀

skalpel

手术

operácia

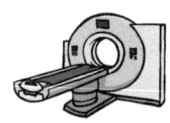

CT

CT

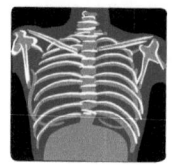

X光

RTG

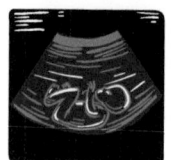

超声波

ultrazvuk

口罩

maska

疾病

choroba

候诊室

čakáreň

拐杖

barla

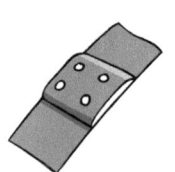

石膏

náplasť

绷带

obväz

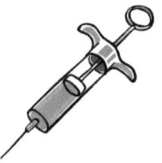

注射

injekcia

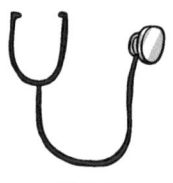

听诊器

fonendoskop

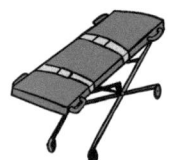

担架

nosidlá

体温计

teplomer

出生

pôrod

超重

nadváha

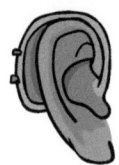

助听器

audiofón

消毒液

dezinfekčný prostriedok

感染

infekcia

病毒

vírus

艾滋病

HIV / AIDS

药物

medicína

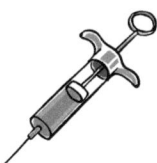

接种疫苗

očkovanie

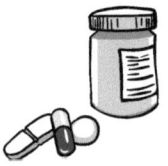

药片

tabletky

药丸

antikoncepčná pilulka

急救电话

tiesňové volanie

血压计

tlakomer

生病/健康

chorý / zdravý

救命！

Pomoc!

警报

alarm

突击

prepad

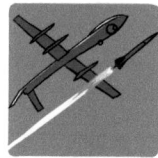

攻击

útok

危险

nebezpečenstvo

紧急出口

núdzový východ

着火啦！

Horí!

灭火器

hasičský prístroj

意外

nehoda

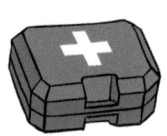

急救箱

kufrík prvej pomoci

呼救信号

SOS

警察

polícia

欧洲

Európa

北美洲

Severná Amerika

南美洲

Južná Amerika

非洲

Afrika

亚洲

Ázia

澳洲

Austrália

大西洋

Atlantický oceán

太平洋

Tichý oceán

印度洋

Indický oceán

南冰洋

Južný oceán

北冰洋

Severný ľadový oceán

北极

Severný pól

南极

Južný pól

南极洲

Antarktída

地球

Zem

陆地

krajina

海

more

岛

ostrov

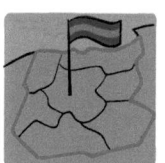

国家

národ

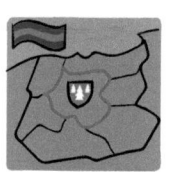

国家

štát

钟面

ciferník

时针

hodinová ručička

分针

minútová ručička

秒针

sekundová ručička

现在几点？

Koľko je hodín?

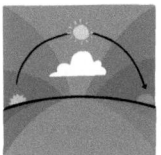

天

deň

时间

čas

现在

teraz

电子表

digitálne hodiny

分

minúta

时

hodina

周一 — pondelok

MO

周三 — streda

W

周五 — piatok

FR

TU

周二 — utorok

TH

周六 — sobota

SA

SO

周四 — štvrtok

周日 — nedeľa

昨天
....
včera

今天
....
dnes

明天
....
zajtra

早晨
....
ráno

中午
....
poludnie

晚上
....
večer

工作日
....
pracovné dni

周末
....
víkend

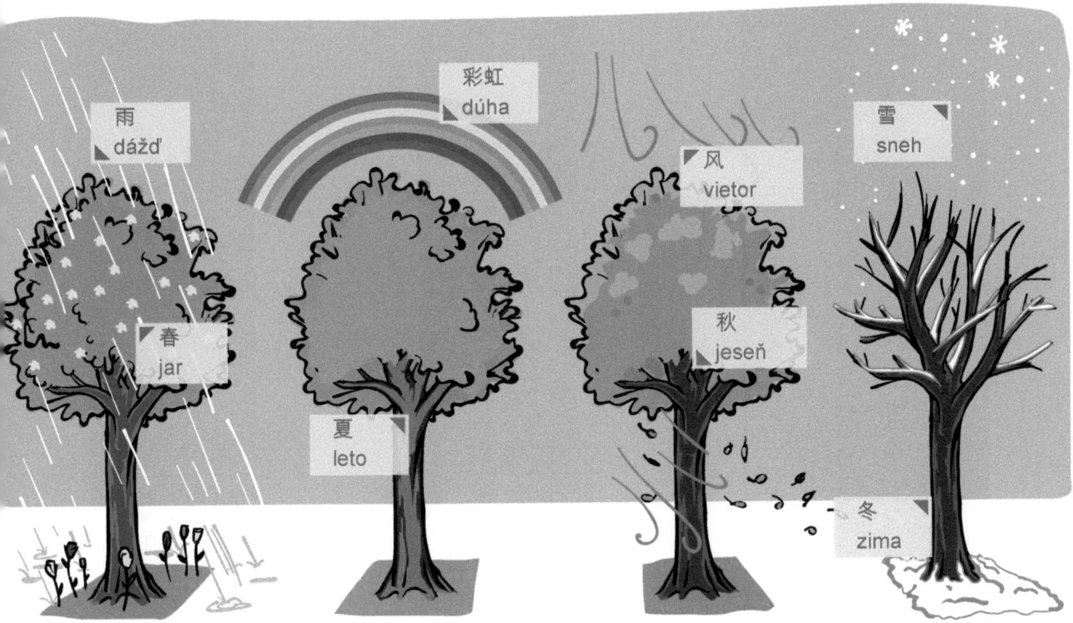

雨
dážď
彩虹
dúha
风
vietor
雪
sneh
春
jar
夏
leto
秋
jeseň
冬
zima

4.APRIL 11°
5.APRIL 4°
6.APRIL 13°
7.APRIL 8°
8.APRIL 10°

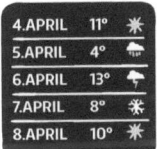

天气预报
predpoveď počasia

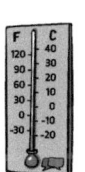

温度计
teplomer

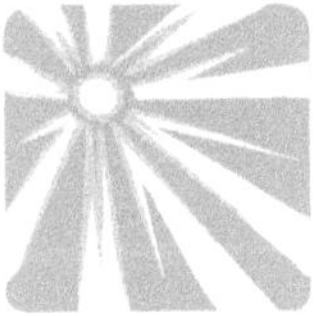

阳光
slnečný svit

云
oblak

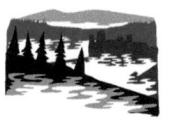

雾
hmla

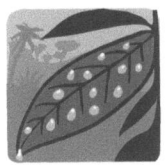

潮湿
vlhkosť vzduchu

闪电

blesk

打雷

hrom

风暴

búrka

冰雹

krúpy

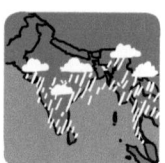

季风

monzún

洪水

záplava

冰

ľad

一月

január

二月

február

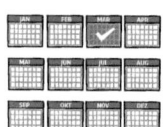

三月

marec

四月

apríl

五月

máj

六月

jún

七月

júl

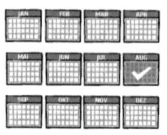

八月

august

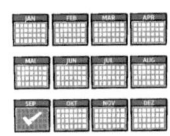

九月

september

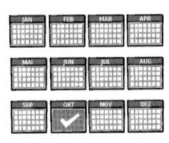

十月

október

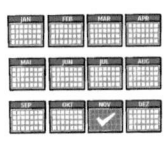

十一月

november

十二月

december

形状

tvary

圆形

kruh

正方形

štvorec

长方形

obdĺžnik

三角形

trojuholník

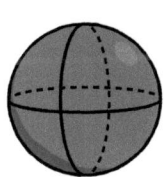

球体

guľa

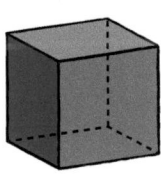

立方体

kocka

颜色

farby

白
....
biela

黄
....
žltá

橙
....
oranžová

粉
....
ružová

红
....
červená

紫
....
fialová

蓝
....
modrá

绿
....
zelená

棕
....
hnedá

灰
....
šedá

黑
....
čierna

很多/少许

veľa / málo

生气/平静

zúrivý / pokojný

美/丑

pekný / škaredý

首/尾

začiatok / koniec

大/小

veľký / malý

明/暗

svetlý / tmavý

兄弟/姐妹

brat / sestra

干净/肮脏

čistý / špinavý

完整/缺失

úplný / neúplný

白天/晚上

deň / noc

死/生

mŕtvy / živý

宽/窄

široký / úzky

可食用/非食用

chutný / nechutný

邪恶/善良

zlostný / láskavý

兴奋/无聊

vzrušený / unudený

胖/瘦

tlstý / chudý

第一/最后

prvý / posledný

朋友/敌人

priateľ / nepriateľ

满/空

plný / prázdny

硬/软

tvrdý / mäkký

重/轻

ťažký / ľahký

饿/渴

hlad / smäd

生病/健康

chorý / zdravý

非法/合法

nelegálny / legálny

聪明/愚笨

inteligentný / hlúpy

左/右

vľavo / vpravo

近/远

blízko / ďaleko

新/旧

nový / použitý

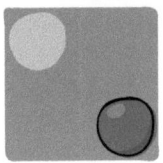

没有/有些

nič / niečo

老/幼

starý / mladý

开/关

zapnuté / vypnuté

打开/合上

otvorené / zatvorené

安静/吵闹

tichý / hlasný

富/穷

bohatý / chudobný

对/错

správne / nesprávne

粗糙/光滑

drsný / hladký

伤心/高兴

smutný / šťastný

短/长

krátky / dlhý

慢/快

pomaly / rýchlo

湿/干

mokrý / suchý

温暖/凉爽

teplý / studený

战争/和平

vojna / mier

0

零

nula

1

一

jeden

2

二

dva

3

三

tri

4

四

štyri

5

五

päť

6

六

šesť

7

七

sedem

8

八

osem

9

九

deväť

10

十

desať

11

十一

jedenásť

12

十二

dvanásť

13

十三

trinásť

14

十四

štrnásť

15

十五

pätnásť

16

十六

šestnásť

17

十七

sedemnásť

18

十八

osemnásť

19

十九

devätnásť

20

二十

dvadsať

100

百

sto

1.000

千

tisíc

1.000.000

百万

milión

语言

jazyky

英语

anglična

美式英语

americká anglična

普通话

mandarínska čínština

印地语

hindčina

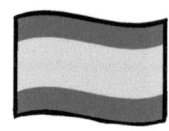

西班牙语

španielčina

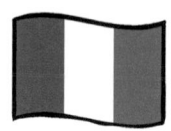

法语

francúzština

阿拉伯语

arabčina

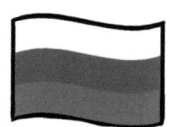

俄语

ruština

葡萄牙语

portugalčina

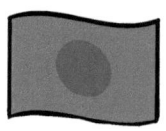

孟加拉语

bengálčina

德语

nemčina

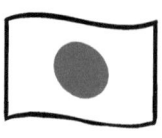

日语

japončina

我

ja

你

ty

他/她/它

on/ona/ono

我们

my

你们

vy

他们

oni

谁？

kto?

什么？

čo?

怎样？

ako?

哪里？

kde?

什么时候？

kedy?

名字

meno

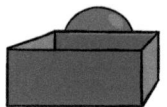

后面

za

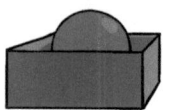

里面

v

前面

pred

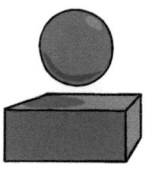

上方

nad

上面

na

下面

pod

旁边

vedľa

中间

medzi

地点

miesto